AF453478

MANUSCRITS A PEINTURES

IMPRESSIONS AUDIN ET Cie, LYON

EXPOSITION

DE

MANUSCRITS A PEINTURES

DU VIᵉ AU XVIIᵉ SIÈCLE

CATALOGUE DESCRIPTIF

PAR M. L'ABBÉ V. LEROQUAIS

MCMXX

Une collection de manuscrits qui va du *Pentateuque* en onciale du vi⁰ siècle, au *Livre d'Heures* attribué à Jean Petitot — en passant par le *Missel* de Thomas James enluminé par Attavante — une telle collection, dis-je, méritait mieux qu'une sèche énumération.

C'est ainsi que l'ont compris les organisateurs de l' « Exposition de manuscrits à peintures », et en particulier celui qui en a été l'âme, le très distingué conservateur de la Bibliothèque de la Ville de Lyon.

Une notice était d'autant plus utile que bon nombre de ces manuscrits n'appartiennent pas aux collections publiques et n'ont fait jusqu'ici l'objet d'aucune description. On remarquera, en effet, la contribution importante, l'apport considérable des bibliothèques particulières, dont les envois constituent à eux seuls plus du tiers des manuscrits exposés. On ne manquera pas d'être frappé, non seulement du nombre, mais de la variété des volumes, qui vont s'échelonnant du xe au xvıı^e siècle, et qui embrassent les sujets les plus divers. Il y a là un ensemble de manuscrits tout-à-fait remarquable et qui fait le plus grand honneur au bon goût et à l'érudition étendue des bibliophiles lyonnais.

Les pages qui suivent se composent d'une série de notes prises au cours d'un séjour à Lyon en avril dernier. Elles n'ont aucune prétention à l'érudition. Elles s'adressent, non pas à quelques spécialistes, mais à tous ceux qui s'intéressent à l'art charmant de la miniature, et, en particulier, aux visiteurs de l'Exposition.

Chaque notice comprend une description succincte de la partie décorative du manuscrit, complétée par quelques indications rapides sur la nature et le contenu du volume. Je ne me suis « oublié » à entrer dans les détails que lorsque j'étais en face d'un manuscrit particulièrement intéressant, ou encore lorsque je ne croyais pas pouvoir souscrire aux conclusions déjà proposées.

La plupart des notices sont suivies d'une courte bibliographie. Celle-ci comprend les principaux ouvrages ou articles de revues dans lesquels les manuscrits ont été étudiés ou décrits. Il s'en faut de beaucoup que la liste soit complète. En fait, on y trouvera surtout les travaux que j'ai consultés. Pour les autres, on voudra bien recourir aux ouvrages généraux qui sont indiqués, soit dans le *Cat. gén.*

des mss., t. XXX, XXXI et XLII (Suppl., t. III), soit dans le *Répertoire des sources historiques du moyen âge,* d'Ulysse Chevalier. Topo-bibliogr., art. *Lyon ;* soit enfin dans le livre bien connu de Bradley (J.W.) *A dictionary of miniaturists, illuminators, calligraphers and copyists,* London, 1887-1889, 3 vol. in-8°.

Il est à désirer que l'exemple de la Ville de Lyon soit suivi par d'autres. Evidemment, il n'est pas donné à toutes les bibliothèques publiques de tirer de leurs rayons une telle collection de manuscrits. Et toutes n'ont pas à côté d'elles, pour les seconder et les compléter, le précieux concours des bibliophiles lyonnais. Néanmoins, toutes proportions gardées, beaucoup de bibliothèques possèdent en nombre respectable des monuments de cet art si français de la miniature : bibles, psautiers, missels, chroniques, romans, fabliaux, manuscrits venus de tous les coins de la vieille Europe, apportés par le vent des révolutions ou par le geste aimable de généreux donateurs, et consultés seulement de temps à autre par quelque érudit ou quelque chercheur.

Les Expositions ont l'avantage de les faire sortir de l'ombre et de la poussière. Elles constituent un chapitre vivant de l'histoire de l'art, une leçon de choses. Elles révèlent au public à quel point nos pères ont eu l'amour, la passion du livre, passion qui éclate à chaque page, passion que l'on surprend dans cette préoccupation constante d'ajouter à l'intérêt du texte la beauté des peintures, le chatoiement des couleurs. En peuplant ces pages de fleurs et de fruits, d'oiseaux et d'animaux, de scènes touchantes ou grotesques, les vieux miniaturistes ont voulu qu'elles fussent à la fois une fête pour l'esprit et un enchantement pour les yeux. Œuvre essentiellement vivante et pittoresque, héritage que nous a légué le moyen âge et dont nous devons apprendre à connaître tout le prix.

N'eussent-elles que ce résultat, les manifestations artistiques de ce genre mériteraient d'être encouragées et multipliées.

Pour ma part, je m'estimerais trop heureux si ces brèves notices pouvaient contribuer à faire estimer à leur valeur ces reliques du passé ; trop heureux, en particulier, si elles avaient pour résultat de faire mieux connaître cette intéressante partie des richesses artistiques de la Ville de Lyon.

1. PENTATEUQUE. VIe SIÈCLE.

Parch. 143 ff. à 3 col., 300 sur 240 mill. Ecriture onciale du VIe siècle. La page reproduite ci-après (Pl. I) contient le début du Lévitique (fol. 50).

Ce vénérable document ne renferme ni peintures ni ornementation. Il méritait néanmoins de figurer en tête d'une Exposition des manuscrits de la Bibliothèque de Lyon dont il est un des joyaux. On sait que la version latine de la Bible qu'il contient est antérieure à la traduction de saint Jérôme.

Demi-rel. mod. parch. (Bibl. de la Ville de Lyon, n° 403).

Edité par Ulysse ROBERT, *Pentateuchi versio latina antiquissima e codice Lugdunensi*, Paris, 1881, in 4°. Une partie du « Deutéronome », le « Livre de Josué » et les « Juges » jusqu'au chap. XX, 31, qui faisaient jadis partie de ce manuscrit et qui avaient été dérobés par Libri, forment actuellement le ms. 1964. Ces fragments également édités par Ulysse ROBERT, *Heptateuchi versio latina e codice Lugdunensi*, Paris, 1900, in-4°.

2. ORIGÈNE. COMMENTAIRE SUR LA GENÈSE, L'EXODE ET LE LÉVITIQUE. VIIe ET VIIIe SIÈCLES.

Parch. 279 ff. à long. lig., 350 sur 290 mill. La décoration de ce précieux manuscrit se réduit à quelques initiales en forme de poissons ; elles sont peintes en vermillon, jaune et vert. Celles du fol. 82, I et D, marquent le début du commentaire sur l'Exode (Pl. II).

Vers la fin du volume, parmi les feuillets qui ont été refaits au viii⁰ siècle, on rencontre au folio 227 l'initiale à entrelacs D (Pl. III).

Ce manuscrit contient les " Commentaires " d'Origène sur les trois premiers livres de la Bible. Il est de plusieurs mains. Les ff. 1 à 161 sont en semi-onciale ; les ff. 162 à 279 en onciale. L'écriture est du vi⁰, ou, plus probablement, du vii⁰ siècle.

En outre, plusieurs cahiers ont été refaits, en tout ou partie, au viii⁰ siècle, en minuscule, pour remplacer des feuillets qui manquaient (fol. 7 à 11, 77, 227 à 231).

Demi-rel. mod. parch. (Bibl. de la Ville de Lyon, n° 443).

L. Delisle, *Notices et extraits*, XXIX, 2, p. 375-381.

3. EVANGELIAIRE. IX⁰ SIÈCLE.

Parch., 239 ff. à long. lig., 280 sur 200 mill. La décoration de ce beau manuscrit se compose tout d'abord d'une série de portiques cintrés servant d'encadrements aux *Canons* d'Eusèbe (fol. 7 v° à 11 v°). Les arcatures de ces portiques reposent sur des colonnes à entrelacs, reliées entre elles par quatre petits arceaux supportés par des colonnettes or ou argent relevé de vermillon.

Elle comprend de plus les *Incipit* des Evangiles en capitales d'or (fol. 11 v°, 71 v°, 115 v° et 183 v°), et, dans le feuillet en regard, le — ou les — premiers mots du texte (fol. 12, 72, 116 et 184),

Les quatre initiales du début de chaque évangile sont de grandes majuscules à entrelacs d'un très beau caractère décoratif ; elles sont terminées par des têtes d'oiseaux ou d'animaux et entourées d'un pointillé rouge ; les autres lettres sont en onciales d'or.

Incipit et initiales sont entourées d'un encadrement rectangulaire à entrelacs dont les angles sont occupés, tantôt par des sortes de boucles en forme de cœur terminées par des têtes d'oiseaux, tantôt par des médaillons carrés ou quadrilobés ornés de dessins géométriques ou de feuilles stylisées.

Le folio 184 contient les premiers mots de l'évangile de saint Jean : « In principio erat .. » (Pl. IV).

Ce manuscrit, dont la décoration évoque les plus beaux monuments de l'art carolingien, a été exécuté vers le milieu du ixᵉ siècle. Il appartient à l'école dite *anglo-saxonne* dont les types les plus connus sont la seconde bible de Charles le Chauve et le sacramentaire de la Bibliothèque impériale de Vienne (Cod. 958). Dès 1648, il faisait partie de la bibliothèque du Collège des Jésuites de Lyon.

Rel. veau fauve. (Bibl. de la Ville de Lyon, nᵒ 431).

L. Delisle, *loc. cit.*, p. 396-397. — L. Delisle, *Mémoire sur d'anciens sacramentaires.* Extrait des *Mémoires de l'Acad. des Inscr. et Belles-Lettres*, t. XXXII, 1ʳᵉ partie, p. 60.

4. EVANGELIAIRE. xᵉ siècle.

Parch. 113 ff. à long. lig., 280 sur 195 mill. Grandes peintures fol. 45 vᵒ : le Christ au Jardin des Oliviers (Pl. V), et 46 : saint Marc. Plusieurs initiales à fleurons et à entrelacs terminées par des têtes d'oiseaux ou d'animaux, notamment

fol. 3 v° : M ; 4 : CUM ; 47 v° : INITIUM ; 74 v° : I ; 75 : Q ;
75 v° : F. Petites initiales noires.

Evangéliaire de la seconde moitié du x° siècle. Fol. 1.
D'une autre main (xii° siècle) : « Eusebius Carpiano fratri salu-
tem. Ammonius quidem alexandrinus... similia dixisse repe-
ries ». Fol. 1 v° « Incipiunt prologi quatuor evangeliorum... »

Le manuscrit est incomplet. L'évangile de saint Jean
n'y figure pas. Celui de saint Luc s'arrête fol. 112 v° à « ...qui
se iustos simularent ut caperent... » (Luc XX, 20). Le folio 113
est d'une autre main (xii° siècle).

Intéressantes rubriques pour le chant de la Passion. La
partie narrative est précédée du mot *Cito* en toutes lettres
ou en abrégé *C.* ; les paroles du Christ du mot *Pie* ou
P ; celles des disciples ou de la foule de *Alte* ou *A.*
La finale : « Altera autem die... » est également précédée du
mot *Pie* (fol. 38 v°). Toutes ces rubriques sont d'une autre
main (xii° siècle).

Léopold Delisle, qui avait examiné le manuscrit, lui
assignait la région albigeoise comme lieu d'origine. A une époque relativement tardive (xiv° siècle), on a ajouté en marge la
division actuelle par chapitres.

Rel. satin damassé. (Bibl. de M. L. de L., Château de
V., Rhône).

Au sujet des rubriques du chant de l'évangile de la Passion : E. M.
Bannister, *Monumenti Vaticani di paleografia musicale latina*. Lipsia, 1913,
in-fol. *Testo*, p. 278 à 281.

5. SACRAMENTAIRE DE LYON. xi° siècle.

Parch. 161 ff. à long. lig. Quelques lacunes. 237 sur 160
mill. Les ff. 109 à 161 sont d'une autre main (xii° siècle). En

tête (fol. 109) figure une grande initiale fleuronnée, A, dont les jambages sont formés par des dragons ailés (Pl. VI). Petites initiales festonnées.

Les ff. 1 à 109 de cet intéressant manuscrit contiennent un sacramentaire de Lyon, ainsi qu'on peut s'en convaincre par les litanies du samedi saint (fol. 35 v°). La seconde partie du volume (fol. 109 à 161) est un antiphonaire — incomplet — de la même église ; il est en notation neumatique : école franco-lyonnaise (xii° siècle).

Rel. ais de bois. (Bibl. de la Ville de Lyon, n° 537).

L. DELISLE, *Mémoire sur d'anciens sacramentaires*, p. 278-279.

6. PRUDENCE. PSYCHOMACHIE. xie SIÈCLE.

Parch. 20 ff. à long. lig., 224 sur 260 mill., 58 dessins à la plume, quelques-uns teintés d'aquarelle, représentant les combats des vertus et des vices.

L'équipement et les armes des combattants sont ceux des soldats gallo-romains tels qu'on les voit sur les médailles des ve et vi^e siècles. Il est probable que ces dessins ont été copiés sur d'autres plus anciens.

En tête du volume, fol. 1, curieuse page représentant la Sagesse mère des sciences (Pl. VII).

Ce manuscrit renferme des fragments de la *Psychomachie* de Prudence, sorte de poème allégorique où sont décrits les combats des vertus et des vices. Le texte est accompagné d'additions marginales ou interlinéaires. Le volume a fait partie de la bibliothèque de Pierre Adamoli.

Rel. parch. (Bibl. de l'Académie de Lyon, n° 22).

STETTINER (Richard), *Die illustrierten Prudentiushandschriften. Inaugu-*

ral *Dissertation*, Berlin, 1895, in-8°, p. 55 61 ; du même, *Tafelband*, Berlin, 1905, in-fol., pl. 109 à 125.

7 et 8. BIBLE LATINE. XII° SIÈCLE.

Cette bible, de très grand format, comprend deux volumes. T. I, 237 ff. à 2 col., 485 sur 350 mill. 24 init. hist. ou peintes. T. II, 249 ff. à 2 col. 473 sur 340 mill., 66 init. hist. ou peintes.

La décoration de ces superbes manuscrits consiste presque exclusivement dans les initiales qui ornent les feuillets. Ces majuscules, dont le champ est occupé par une scène biblique ou par quelque personnage de l'Ancien ou du Nouveau Testament, sont d'une grande beauté et ont une allure vraiment magistrale. Les couleurs sont tellement fraîches, elles ont un tel éclat, une telle vigueur, qu'elles semblent sortir du pinceau du miniaturiste.

Les contours de la lettre sont constitués tantôt par des dragons ou des chimères dont le corps épouse la forme de l'initiale, tantôt ce sont de simples lignes d'un dessin géométrique qui s'achèvent en entrelacs ou en fleurons. Quelques initiales occupent toute la hauteur des feuillets. T. I, fol. 2 : la création de l'homme et de la femme, la chute, le châtiment (Pl. VIII).

Dans le second volume, la décoration revêt une forme plus riante ; les teintes sont plus douces, plus harmonieuses ; les scènes mieux ordonnées, plus vivantes. Beaucoup d'initiales sont agrémentées de détails pittoresques : singes qui gambadent à travers les rinceaux, enfants qui jouent, guerriers se livrant de furieux combats, personnages qui grimpent le long des hastes : le tout d'un mouvement et d'une intensité de vie extraordinaires. T. II, fol. 93 : le prophète Jérémie (Pl. IX).

Cette belle bible contient l'Ancien Testament moins les

psaumes, et le Nouveau moins les Evangiles. On y relève quelques lacunes.

La nouvelle division en chapitres, œuvre d'Etienne Langton, figure en chiffres romains dans les marges. Mais un examen attentif permet de constater qu'elle ne correspond nullement, dans la plupart des cas, aux divisions du texte luimême tel qu'il a été transcrit. Elle a été ajoutée après coup et ne peut servir de point de départ pour dater le manuscrit.

Il suffit d'ailleurs, pour s'en convaincre, de comparer cette bible avec le manuscrit 414 (340) de la Bibliothèque de Lyon qui contient les sectionnements introduits par Etienne Langton dans les premières années du xiii⁰ siècle.

En fait, l'écriture et la décoration appartiennent au xii⁰ siècle, et sans doute à la seconde moitié. C'était d'ailleurs l'opinion de Baluze, ainsi qu'il résulte d'une note placée en tête du feuillet de garde du t. II.

Rel. maroquin rouge aux armes du Collège des Jésuites de Lyon. (Bibl. de la Ville de Lyon, n° 410 et 411).

9. MISSEL DE LYON. xiii⁰ siècle (début).

Parch., 250 ff. à long. lig., 290 sur 205 mill. Curieuse initiale historiée sur fond or et azur relevé de blanc, fol. 99 v° : V, la Synagogue, habillée à la grecque, frappant l'Agneau de sa lance (Pl. X). Init. festonnées verm. et azur alt. Quelques pièces de chant en notation neumatique : école franco-lyonnaise.

Ce missel a été transcrit pour l'église de Lyon, ainsi qu'il est facile de s'en rendre compte par le calendrier (fol. 1 à 7). Une note du feuillet de garde du plat verso nous apprend qu'il a appartenu à la chapelle de la Vierge de l'église Saint-Just, et une autre note insérée dans le calendrier à la date du

10 avril, mentionne la dédicace de cette église par le Pape Innocent IV (1243-1254). Les deux notes sont d'une autre main que le reste du manuscrit.

Rel. peau blanche sur ais de bois. (Bibl. de la Ville de Lyon, 5139).

Soultrait (Comte de), *Notice sur les manuscrits du Trésor de l'Eglise métropolitaine de Lyon*, dans *Revue lyonnaise*, 1883, p. 324.

10. PSAUTIER. xiiie siècle (première moitié).

Parch., 248 ff. à long. lig. 215 sur 147 mill. La décoration de ce beau manuscrit comprend 12 peintures à pleine page sur fond or, représentant des scènes évangéliques. Fol. 1 v° : la descente de croix (Pl. XI), fol. 196 v° : la Nativité (Pl. XII).

Ces peintures, d'une exécution remarquable, sont encore toutes pénétrées de la tradition byzantine. N'étaient l'écriture et le calendrier qui assignent au manuscrit la première moitié du xiiie siècle, on serait tenté de les attribuer au siècle précédent.

Les personnages ont un caractère d'individualité marquée et manifestent par la noblesse de leur attitude, par l'ampleur de leurs gestes, toute la richesse de leur vie intérieure. Il se dégage de ces visages, de ces différentes scènes, une émotion contenue et pénétrante, un sentiment religieux intense, qui font contraste avec la simplicité et la rudesse du dessin.

Le manuscrit comprend en outre 58 initiales historiées auxquelles il faut ajouter les scènes et attributs des mois (fol. 2 à 8). Les huit premières seules appartiennent à la décoration primitive. A signaler en particulier l'initiale du fol. 114 v° : le pélican.

Les autres (fol. 230 à 244) sont d'une autre main et accusent la seconde moitié du xiiie siècle. Celles qui sont réproduites ci-après (Pl. XIII) nous montrent le Christ faisant sortir les âmes des Limbes, la Descente de croix et la Résurrection (fol. 241). Petites initiales filigr. or et azur alt.

Ce manuscrit est un psautier, sauf les ff. 230 à 245 qui sont d'une autre main et qui contiennent des oraisons et des antiennes. Il a été exécuté pour le prieuré de Jully-sous-Raviè-res, ancien diocèse de Langres, ainsi qu'on peut le déduire du calendrier (12 oct.). En lettres rouges « Petrus prior Iulliaci » (13 oct.) « Dedicatio ecclesiae Iulliaci ».

Rel. mod. maroquin noir, filets or sur les plats ; dos orné. (Bibl. de la Ville de Lyon, n° 539).

11. MISSEL DOMINICAIN. xiiie siècle (milieu).

Parch. 252 ff. à 2 col. 248 sur 176 mill. La décoration de ce beau manuscrit comprend deux grandes peintures sur fond or : la crucifixion et le Christ dans sa gloire (Pl. XIV et XV). Il contient en outre neuf initiales historiées sur fond or, d'une exécution très fine, notamment celles du Canon, qui re-présentent la célébration de la messe. Petites initiales filigra-nées vermillon et azur alternativement. Notation en plain-chant sur quatre lignes rouges.

Ce missel a été exécuté pour un couvent de Dominicains ainsi qu'il résulte du calendrier placé en tête du manuscrit. On peut même préciser et affirmer qu'il a été transcrit pour les Dominicains de Lyon. On lit, en effet, dans le calendrier, à la date du 4 mars : « Dedicatio ecclesiae Lugdunensis. Totum duplex ». Il s'agit, à n'en pas douter, des Jacobins de N.-D. de Confort, établis à Lyon dès 1218, du vivant même de saint Dominique, et dont l'église, bâtie de 1244 à 1250, fut dédiée en 1251 par le pape Innocent IV, quelques semaines avant son départ pour l'Italie.

Le manuscrit a fait partie de la bibliothèque de Jules Janin dont il porte l'ex-libris ; et, par un rare bonheur, il a fini par revenir à son lieu d'origine.

Rel. moderne par Simier : velours rouge frappé ; fermoirs en cuivre. (Bibl. de M. A. R.).

12. **TRAITÉS PHILOSOPHIQUES.** XIIIᵉ SIÈCLE.

Parch. 257 ff. à long. lig. Quelques lacunes ; incomp. de la fin, 260 sur 185 mill. La décoration de ce manuscrit comprend 24 initiales historiées sur fond or, carmin ou azur, d'exécution très fine.

La plupart des miniatures sont étrangères aux sujets traités. Celle du fol. 178 qui représente la fuite en Egypte (Pl. XVI) sert d'en-tête au second livre des *Topica* d'Aristote. Petites init. filigr. verm. et azur alt.

Ce manuscrit contient plusieurs traités philosophiques : traductions latines de Porphyre et d'Aristote ; œuvres de Boèce et de Gilbert de la Porée, etc.

Rel. anc. veau gaufré sur ais de bois ; traces de fermoirs. (Bibl. de la Ville de Lyon, n° 244).

13. **PSAUTIER A L'USAGE DE LIÈGE.** XIIIᵉ SIÈCLE.

Parch., 144 ff. à long. lig. 183 sur 120 mill., 8 peintures sur fond or entourées de 6 médaillons d'une excellente facture. Celle du fol. 12 v° représente la Purification et la Fuite en Egypte (Pl. XVII). 9 init. hist. sur fond or accomp. de bordures or, lilas et azur auxquelles il faut ajouter les scènes et attributs des mois.

Ce psautier a été éxécuté pour l'église de Liège, ainsi qu'on peut le voir par le calendrier. Une note du fol. 1 nous apprend qu'il a appartenu à « Madame Isabeau de Brandembourch, en son vivant abbesse de Fremelines... ». La note est d'une autre main.

Rel. velours vert ; coins en cuivre. (Bibl. de M. Ch. G.).

14. MISSEL DE BONIFACE VIII. (1294-1303).

Parch., 35 ff. à 2 col. plus le fol. 2 bis. 358 sur 240 mill. Ce beau manuscrit dont il ne reste que quelques feuillets a été odieusement lacéré et mutilé. Les quelques miniatures qui ont échappé au canif des vandales donnent une idée de la richesse de sa décoration. Fol. 3 à 9 : scènes des mois. Celle du mois de mars représente la taille des arbres. En outre, 15 petites init. hist. sur fond or d'une exécution très fine ; médaillons et lettrines. Ecriture italienne.

Une note du fol. 2 bis, rédigée par Jean Busaiga (1670), dit que le manuscrit a appartenu au pape Boniface VIII ; attribution qui semble confirmée par le grand nombre de papes mentionnés dans le calendrier, et, en particulier, par les deux fêtes en l'honneur de saint Boniface (14 et 25 mai).

Une autre note du même feuillet attribue les miniatures à Oderigi da Gubbio, contemporain et ami de Giotto. Elle est suivie d'une citation de Vasari à l'appui de cette opinion.

Rel. mod. velours rouge sur carton ; au centre des plats, plaques de métal, l'une aux armes pontificales, l'autre, aux armes du cardinal de Bonald. (Bibl. de la Ville de Lyon, 5135).

Bégule (Lucien) et Guigue (M. C.), *Monographie de la cathédrale de Lyon*, Lyon, 1880, in-fol., p. 209. — Soultrait, *loc. cit.*, p. 324-325.

15. PONTIFICAL ROMAIN. XIVe SIÈCLE.

Parch., 235 ff. à long. lig., 362 sur 260 mill. Quelques feuillets lacérés et mutilés. La décoration comprend dix jolies initiales historiées sur fond or ou azur dans le goût italien. Celle du fol. 5 v° représente l'ordination de l'ostiaire (Pl. XVIII). Initiales filigr. verm. et azur d'une rare élégance. Ecriture italienne.

Ce manuscrit est un pontifical romain. Une note du fol. 230 v° nous fait connaître l'écrivain qui l'a transcrit : « Explicit liber quem scripsit Rainerius de Florentia, scriptor atque notarius ».

Rel. veau fauve, filets or sur les plats. (Bibl. de la Ville de Lyon, 5132).

BÉGULE et GUIGUE, *loc. cit.*, p. 210.

16. PSAUTIER A L'USAGE DE TOURS. XIVe SIÈCLE.

Parch., 231 ff. à long. lig., 195 sur 125 mill. 8 initiales historiées sur fond losangé or, azur et lilas. Elles sont accompagnées, dans les marges, de larges filets azur et lilas relevés de blanc, terminés par des rameaux aux feuilles trilobées et agrémentés de scènes pittoresques. Celle du fol. 7 représente David jouant de la harpe ; au-dessous, David et Goliath (Pl. XIX). Quelques initiales ornées de figurines.

Ce manuscrit a été transcrit pour l'usage de Tours. Dans le calendrier, on lit à la date du 12 mai : « Exceptio reliquiarum b. Mauricii et b. Martini ». Fol. 157, écusson armorié : *burelé d'argent et d'azur* qui est de Lusignan.

Rel. mod. velours violet fané ; fermoirs. (Bibl. de M. Ch. G.).

17. EPITRES ET EVANGILES EN FRANÇAIS. 1336.

Parch., 107 ff. à 2 col. 305 sur 217 mill. La décoration
de ce manuscrit comprend 20 miniatures, traitées à l'aquarelle,
dont les sujets sont empruntés à l'histoire évangélique. Les
scènes sont animées et pittoresques, les physionomies expres-
sives. Les miniatures reproduites (Pl. XX) représentent le martyre de saint Etienne (fol. 80 v°) et l'arrivée de sainte Marguerite
sur la Tarasque (fol. 88). Riches encadrements à la gouache :
larges filets or, rinceaux de fleurs et de feuillage. Quelques
belles initiales sur fond or ; petites initiales filigranées or et
azur alt.

Une note placée en tête nous renseigne sur le contenu
et la date du manuscrit : « Ci commencent les epistres et les
euvangiles de tout l'an, selon l'ordonnance du messel à l'ussage
de Paris, translatées de latin en françois par frere Jehan de
Vignay, de l'ordre du Haut-Pas, à la requeste de madame la
royne Jehanne de Bourgoigne, jadis femme de Phelippe de
Valois, roy de France ou temps qu'il vivait. Ce fut l'an de
grace mil CCC. XXXVI, ou mois de may XII° jour entrant ».

La miniature du fol. 1 représente l'auteur de la traduction, Jehan de Vignay, le célèbre traducteur de la *Moralité des
échecs* et du *Miroir historial*. Le manuscrit a fait partie de la
bibliothèque du comte de Brancas-Lauraguais.

Rel. anc. maroquin vert ; filets or sur les plats ; dos
orné. (Bibl. de M. A. R.).

18. LE LIVRE DU TRÉSOR. XIV° SIÈCLE.

Parch., 154 ff. à 2 col. 340 sur 255 mill. La décoration
du manuscrit se compose de 12 intéressantes miniatures sur
fond or. Celle du fol. 3 représente les six jours de la création

et le repos du septième (Pl. XXI). Jolies initiales fleuronnées. Petites initiales filig. verm. et azur alt.

Ce manuscrit renferme le livre du Trésor de Brunetto Latini (fol. 1 à 94), et un traité intitulé « Le Livre du philosophe Sidrach » (Fol. 94 à 154).

Rel. veau brun, xvi⁰ siècle. (Bibl. de la Ville de Lyon, n° 948).

19. **LE ROMAN DE LA ROSE.** xiv⁰ siècle.

Parch., 134 ff. à 2 col., 290 sur 200 mill. Le manuscrit comprend 22 miniatures très finement traitées, les unes sur fond or, les autres sur fond quadrillé or et azur, lilas ou carmin relevé de blanc ; quelques-unes sur fond pourpre.

Celle du fol. 77 v° représente Faussemblant et Contrainte Attenance en costume de pélerins, venant trouver Malebouche (Pl. XXII). Petites initiales verm. et azur alt.

Ce manuscrit contient le Roman de la Rose, de Guillaume de Lorris.

Demi-rel. veau fauve. (Bibl. de la Ville de Lyon, n° 763).

Langlois (E.), *Origines et sources du Roman de la Rose*, Paris, 1891, in-8°.

20. **GRANDES CHRONIQUES DE FRANCE.** xiv⁰ siècle.

Parch., 418 ff. à 2 col. 365 sur 360 mill. La décoration du manuscrit se compose de 63 miniatures entourées d'un cadre chantourné bleu, blanc et rouge, dont les sujets sont empruntés à l'histoire de France. Celle du fol. 52 v° représente l'adoption de Childebert par Gontran (Pl. XXII). Jolies initiales fleuronnées, accompagnées de larges filets or, azur et lilas d'où s'échappent des rameaux aux feuilles trilobées (lierre et vigne).

Ce manuscrit renferme « les Chroniques de France selon ce qu'elles sont composées en l'église Saint-Denis en France ». Il a été transcrit par Perrin le Cerf dont le nom figure au bas du folio 285 v°. Les chroniques s'arrêtent en l'an 1350.

Une note du feuillet de garde final, en partie grattée et effacée, nous apprend que le manuscrit a appartenu au duc de Berry dont on peut encore déchiffrer la signature.

Rel. anc. veau estampé sur bois. (Bibl. de la Ville de Lyon, n° 880).

L. DELISLE, *Recherches sur la Librairie de Charles V*, Paris, 1907, in-8°. T. I, p. 317-318.

21. **MISSEL DE PARIS.** XIVe SIÈCLE.

Parch., 405 ff. à 2 col. 425 sur 290 mill. La décoration de ce beau manuscrit comprend deux peintures inachevées, fol. 142 v° : Christ en croix et Christ de majesté ; toutes d'une rare finesse d'exécution (Pl. XXIII).

Elle comprend, en outre, 29 initiales historiées, sur fond quadrillé azur ou carmin relevé de blanc, d'un dessin et d'une fraîcheur remarquables. Celle du fol. 143 représente l'Eglise et la Synagogue (Pl. XXIV). Ces initiales se prolongent dans les marges en de larges filets or, azur et carmin, d'où s'échappent des rameaux aux feuilles trilobées (lierre et vigne). Grandes et moyennes initiales filigranées or et azur alternativement, d'une décoration touffue et luxuriante, d'une complexité et d'une richesse étonnantes.

Ce manuscrit est un missel de Paris ainsi qu'il est facile de s'en convaincre par les particularités. du Temporal et du Sanctoral. Il ne renferme ni épîtres ni évangiles.

Les derniers feuillets sont d'une autre main (fol. 401 à 405). Ils contiennent la messe de la « Translation du chef de saint Louis » et une messe en l'honneur des « Saintes reliques ». On sait que la tête du saint monarque avait été transférée en 1306 dans la Sainte-Chapelle. Par ailleurs, les reliques énumérées dans la prose de la messe qui suit, sont précisément celles qui étaient conservées dans la grande châsse de la Sainte-Chapelle. On peut donc conclure de ces particularités que le missel a été à l'usage de la Sainte-Chapelle.

Rel. mod. chagrin noir. (Bibl. de la Ville de Lyon, n° 5122).

Bégule et Guigue, *loc. cit.*, p. 209. — Soultrait, *loc. cit.*, p. 326. — Dr Birot et abbé Martin, *le Missel de la Sainte-Chapelle de Paris conservé au Trésor de la Primatiale de Lyon,* dans *Revue archéol.*, 1915, II, p. 37 à 65.

22. FRAGMENTS D'UN MISSEL DE SAINT-VAAST D'ARRAS. XIVᵉ SIÈCLE.

Parch., 75 ff. à long. lig., 180 sur 125 mill. La décoration de ce manuscrit comprend 21 initiales historiées sur fond quadrillé ou losangé or ou couleurs, qui se prolongent, dans les marges, en larges filets terminés par des rameaux aux feuilles trilobées (lierre et vigne). Toutes ces miniatures sont d'une grâce et d'une finesse exquises. Celle du folio 17 vᵒ représente saint Vaast. Jolies initiales fleuronnées sur fond or.

Ce petit manuscrit est formé d'une série de feuillets reliés pêle-mêle, sans aucun ordre, et qui ont fait partie d'un missel de Saint-Vaast d'Arras. C'est ainsi que les prières du Canon se trouvent aux ff. 10, 74, 31 à 33, 62 à 65 ; la messe de saint Vaast aux ff. 17 v°, 26, 27 et 5, et ainsi de suite. Le manuscrit a fait partie de la bibl. de Firmin Didot. (Cat. 1884, n° 6).

Rel. veau brun estampé. (Bibl. de M. Ch. G.).

23. FRAGMENTS DE CHRONIQUE. XIVe SIÈCLE.

Parch., 6 ff. à 2 col. 382 sur 300 mill. 6 peintures d'une composition très naïve. Celle du folio 1 représente la création du monde (Pl. XXV) et celle du folio 4 v° la construction de la tour de Bàbel (Pl. XXVI). Elles sont accompagnées de larges filets or, azur et lilas, d'où s'échappent des rameaux aux feuilles trilobées. Jolies initiales fleuronnées sur fond or.

Ces quelques feuillets renferment des fragments d'une chronique de l'histoire du monde. Le premier chapitre débute ainsi : « Quant Dieu ot fait le ciel et la terre et les eaues doulces et salees et le souleil et la lune et toutes les estoilles... ». Ils ont fait partie de la bibl. d' « Ant. Moriau, proc. et advoc. regis et urbis ».

Rel. parch. sur carton. (Bibl. de M. Ch. G.).

24. HEURES A L'USAGE D'ARRAS. XIVe SIÈCLE.

Parch., 122 ff. à long. lig. 102 sur 70 mill., 6 peintures et 7 init. hist. Les peintures (fol. 104 à 111) sont d'une autre main. Les initiales historiées sur fond or — auxquelles il faut ajouter les scènes des mois — sont accompagnées de filets or, lilas et azur, terminées par des rameaux de feuilles trilobées.

Ce petit livre d'Heures a été exécuté pour être à l'usage d'Arras (Cf. calendrier, fol. 1 à 14).

Rel. veau brun. (Bibl. de M. Ch. G.).

25. HEURES A L'USAGE D'ARRAS. XIVe SIÈCLE.

Parch., 129 ff. à long. lig. 102 sur 70 mill., 33 initiales sur fond or, se prolongeant dans les marges — ainsi que les autres initiales — en larges filets or, azur et lilas, terminés par des rameaux de feuillage agrémentés de scènes pittoresques. Ce volume est la suite du précédent, le manuscrit ayant été récemment dédoublé.

Rel. veau brun. (Bibl. de M. Ch. G.).

26. MÉTAMORPHOSES D'OVIDE. XIVe SIÈCLE.

Parch., 274 ff. à 2 col. 310 sur 226 mill. La décoration de ce manuscrit comprend 57 miniatures traitées à l'aquarelle, d'un dessin agréable et facile. Les personnages de l'antiquité y figurent en costumes du xive siècle.

La miniature du fol. 55 v° représente Pyrame et Thisbé : celle du fol. 119 v°, Jason et Médée (Pl. XXVII). Jolies initiales fleuronnées sur fond or accompagnées de larges filets or, carmin, bleu et blanc, d'où s'échappent des rameaux de feuillage (lierre et vigne).

Ce livre renferme les *Métamorphoses* d'Ovide traduites en vers français par Chrétien Legouais. Une note du fol. 274, presque illisible aujourd'hui, nous apprend que le manuscrit a appartenu au duc de Berry : « Ce livre est à Jehan, fils de roy de France, duc de Berry et d'Auvergne, comte de Poitou et de de Bouloigne. Jehan ». En tête du fol. 1, note : « Ottavio Mey. 1640 ».

Rel. veau fauve, dos orné. (Bibl. de la Ville de Lyon, n° 742).

Paris (Gaston), Chrétien Legouais dans *Hist. Litt. France*, XXIX, 1885, p. 505 sq. — L. Delisle, *Recherches sur la Librairie de Charles V*, Paris, 1907, in-8°. T. II. p. 315.

27. RECUEIL DE PRIÈRES. XIVᵉ SIÈCLE.

Parch., 148 ff. à long. lig. 130 sur 92 mill. 19 lettrines historiées sur fond or. Ce qui fait l'intérêt de ce manuscrit, ce sont les bordures, formées de feuillages, rinceaux et volutes, et, dans ces bordures, la profusion — on est tenté de dire : la débauche — des sujets traités.

Fleurs, fruits, arbustes, insectes, papillons, oiseaux, animaux de toute sorte : toute la faune et toute la flore semblent s'être donné rendez-vous dans ces marges. A cela, il faut ajouter une foule de personnages : musiciens, arbalétriers, tireurs à l'arc, chevaliers, fous, bouffons, sirènes, monstres à figure humaine, dragons ailés, chimères et grotesques. Puis, des scènes de tout genre où la verve gouailleuse du moyen âge s'est donné libre carrière : chasseurs tendant leurs filets, enfants jouant à la toupie, singes portant l'oriflamme ou exécutant les gambades les plus échevelées, cuisiniers faisant rôtir des oies, ânes jouant de la vielle, escargots embouchant la trompette, cigognes coiffées de la mitre, renards prêchant aux poules, moines, bourgeois, évêques et rois dans les attitudes les plus étranges et les plus inattendues.

Ce livre de prières, dont la décoration devait donner plus d'une distraction à son possesseur, a été transcrit pour

Saint-Aubin d'Angers, ainsi qu'il est facile de le déduire du calendrier placé en tête. Il porte au folio 82 v° l'ex-libris de David Goiraud.

Rel. soie damassée jaune et vert. (Bibl. de M. A. R.).

28. COMMENTAIRE DE GRATIEN. XIVe SIÈCLE.

Parch., 319 ff. à 2 col. 460 sur 295 mill., 40 peintures, la plupart sur fond or, d'un dessin facile et d'une grande fraîcheur de coloris. Celle du fol. 74 v° nous montre des parents présentant leur enfant à des moines (Pl. XXVIII) L'encadrement est formé d'une large bordure en couleurs, ornée de personnages divers, auxquels s'ajoutent des oiseaux, arbustes, fleurs, grotesques, rinceaux et volutes, semés de petites rosaces d'or. Les initiales filigranées sont d'une finesse et d'une délicatesse exquises. Ecriture et décoration italiennes.

Ce manuscrit est un commentaire du Décret de Gratien par Barthélemy de Brescia. Le texte du Décret : « Concordia discordantium canonum », occupe le milieu des feuillets. Le commentaire l'entoure de tous côtés, et s'étend sur toutes les marges. Au bas de l'encadrement du fol. 1, on lit ces deux noms en onciales d'or : « Guillermus Boudreuile ». Ecusson armorié : *d'azur au lion léopardé de gueules posé sur des rochers d'argent.*

Rel. veau fauve. (Bibl. de la Ville de Lyon, n° 5128).

Bégule et Guigue, *loc. cit.*, p. 211. — Soultrait, *loc. cit.*, p. 326.

29. LO BREVIARI D'AMOR. XIVe SIÈCLE.

Parch., 225 ff. à 2 col. Manquent 16 feuillets. 295 sur 220 mill.

La décoration de ce curieux manuscrit comprend 82 miniatures et 106 dessins à la plume dont les sujets sont en rapport avec le caractère encyclopédique de l'ouvrage. Le dessin est un peu fruste et les couleurs criardes ; mais l'œuvre est pleine d'originalité et de vie. Fol. 22 v° : châtiment des anges rebelles ; au-dessous, les tentations diaboliques (Pl. XXIX). Fol. 143 : miracles évangéliques (Pl. XXX).

Ce manuscrit renferme le *Bréviaire d'amour*, poème provençal du troubadour Matfré Ermengau, dont on voit le portrait au fol. 1.

Rel. veau fauve. (Bibl. de la Ville de Lyon, n° 1351).

Meyer (Paul), *Matfré Ermengau de Béziers* dans *Hist. litt. France*, t. XXXII, p. 49 sq.

30. VIRGILE. xive siècle.

Parch., 248 ff. à long. lig., 248 sur 170 mill. La décoration de ce manuscrit se compose de 26 miniatures (aquarelles), dont les sujets sont empruntés aux Bucoliques, aux Géorgiques et à l'Enéide.

Celles des Bucoliques (fol. 1 v°, 5, 13 et 18 v° : Pl. XXXI) sont traitées avec beaucoup de fraîcheur, de simplicité et de grâce ; celles des Géorgiques sont moins heureuses ; celles de l'Enéide tout-à-fait médiocres.

Jolies initiales fleuronnées sur fond or. Petites initiales filigr. verm. et azur alt.

Ce manuscrit renferme les Bucoliques, les Géorgiques et l'Enéide, précédées de brèves notices et suivies de quelques vers attribués à Ovide.

Rel. veau fauve, dos orné. (Bibl. de l'Académie de Lyon, n° 27).

31. FRAGMENTS DU MANUEL D'HISTOIRE DE PHI-LIPPE VI DE VALOIS. 1416.

Parch., 33 ff. à 2 col. 325 sur 237 mill. Le manuscrit ne compte que des feuillets à peintures. Celles-ci sont au nombre de 33. Les sujets, empruntés à l'histoire ancienne, sont traités avec une grande naïveté et fourmillent d'anachronismes.

La peinture du fol. 8 (Pl. XXXII) nous montre Aristote instruisant Alexandre — qui porte sa couronne au bras droit — et « autres escoliers filz de roys et princes ». Celle du fol. 14 v° (Pl. XXXIII) représente un épisode de l'histoire romaine : Jugurtha et les « commissaires » de Rome.

Ces fragments appartiennent à la chronique désignée sous le nom de *Manuel d'histoire de Philippe VI de Valois*, composée vers 1326 par un moine de Saint-Denis.

Un passage du fol. 26, emprunté au chapitre 469, nous révèle la date de la transcription du manuscrit dont ils faisaient partie : « Si fu escript ce present livre en l'an de lincarnation Nostre Seigneur Jhesu Christ Dieu mil quatre cens et seize ».

Rel. velours vert sur bois. (Bibl. de M. A. R.).

Couderc (Camille), *le Manuel d'histoire de Philippe VI de Valois.* Paris, 1896, in-8°. (Extrait des *Etudes d'histoire du moyen âge dédiées à Gabriel Monod).* — A. Rosset, *le Manuel d'histoire de Philippe VI de Valois et ses enluminures,* dans *les arts anciens de la Flandre,* t. VI, fasc. III, 1913.

32. MISSEL DE VIENNE. XVe SIÈCLE.

Parch., 254 ff. à 2 col. plus 190 bis et 193 bis. 315 sur 217 mill. Peintures fol. 110 v° : le Christ dans sa gloire, tenant dans sa main gauche un globe et bénissant de l'autre (Pl.

XXXIV) ; fol. 111, crucifixion : le Christ en croix entre la
Vierge et saint Jean ; aux angles, médaillons renfermant des
scènes évangéliques (Pl. XXXV). Dans les encadrements, ar-
moiries : *de gueules à deux clefs d'argent posées en sautoir,
accompagnées en chef d'une étoile d'argent* (Manissi). Ce manuscrit est un missel de Vienne. On lit au fol. 7 en tête du
Temporal : « In nomine Domini. Incipit missale secundum
usum ecclesiae Vienne ».

Rel. veau fauve aux armes de Jérôme de Villars, arch.
de Vienne (1599-1626). (Bibl. de la Ville de Lyon, n° 526).

33. HEURES A L'USAGE DE SOISSONS. xvᵉ SIÈCLE.

Parch., 186 ff. à long. lig. 220 sur 155 mill. La décoration du manuscrit comprend 15 peintures d'inégale exécution.
La plupart sont sur fond quadrillé or, azur, vert et lilas ; elles
sont entourées de riches encadrements : rinceaux de feuillage,
fleurs et fruits, au milieu desquels voltigent des oiseaux. Celle
du fol. 28 v° représente la Visitation (Pl. XXXVI). Dans quelques marges, écusson armorié : *parti de cinq points d'or équi-
pollés à quatre d'azur, et de gueules à trois écus d'or*. Ce sont
les armes de Marguerite de Charny (d'après Soultrait). Jolies
initiales fleuronnées sur fond or. Petites initiales or sur fond
azur et lilas avec vignettes marginales.

Ce livre a été transcrit pour être à l'usage de Soissons,
ainsi qu'on peut le déduire des litanies des saints dans lesquelles on relève l'invocation : « Ut abbatisse nostre misereri et
auxiliari digneris ». Les feuillets de garde du début contiennent un *Livre de raison* de la famille Montchenu (Dauphiné) à
qui le manuscrit a appartenu au xviᵉ et au xviiᵉ siècles.

Rel. veau brun ; au centre des plats, médaillons représentant la Passion. (Bibl. de la Ville de Lyon, n° 5142).

Bégule et Guigue, *loc. cit.*, p. 211-212. — Dr Birot et abbé J.-B.
Martin, *Notice sur la collection des livres d'Heures conservés au Trésor de la
Primatiale de Lyon* (Extrait du *Bulletin historique et philologique*, 1902),
Paris, in-8°, 1903, p. 9 à 11. — Soultrait, *loc. cit.*, p. 332.

34. TRAITÉS DE DÉVOTION. 1451.

Parch., 170 ff. à 2 col. plus le fol. A. 281 sur 202 mill.
L'unique peinture (fol. 3) de ce manuscrit représente la crucifixion (Pl. XXXVII).

Une note du fol. 168 v° nous apprend que ce recueil de
traités de dévotion, en français, a été exécuté en 1451, pour Mgr
de Beaujeu, fils de Mgr le duc de Bourbonnais et d'Auvergne,
et qu'il a été transcrit par Jehan Blanc.

Demi rel. parch. (Bibl. de la Ville de Lyon, n° 1234).

35. HEURES A L'USAGE D'AMIENS. xvᵉ siècle.

Parch., 209 ff. à long. lig.; 225 sur 157 mill. La décoration de ce manuscrit comprend 49 peintures, presque toutes
d'excellente facture, et dont quelques unes d'une composition
très originale. Elles sont accompagnées de riches encadrements :
rinceaux de feuillage et de fleurs. Celle du fol. 56 représente
l'annonce de la naissance du Sauveur aux bergers (Pl. XXXVIII).
Jolies initiales fleuries sur fond or avec vignettes marginales.

Ce beau livre d'Heures a été exécuté pour l'usage
d'Amiens, ainsi qu'en témoignent le calendrier (fol. 1 à 13) et
les litanies (fol. 97 v° sq.). Çà et là (fol. 87 v° et 122) on rencon-

tre les armes de la famille d'Ailly. Au fol. 201, on lit : « Mémoire de saint Pierre de Luxembourt » avec une oraison en son honneur, son portrait en costume de cardinal et ses armes.

Rel. maroq. rouge ; filets or sur les plats ; dos orné. (Bibl. de M. Ch. G.).

36. HEURES A L'USAGE DE BRUGES. xve siècle.

Vélin 135 ff. à long. lig. 150 sur 98 mill., 21 peintures à pl. p. presque toutes d'excellente facture, avec encadrements de fleurs peintes au naturel sur fond or mat. (Fol. 15, saint Luc écrivant son évangile. Pl. XXXIX). 24 miniatures avec décoration analogue.

Ces Heures ont été transcrites pour l'usage de Bruges. On lit en lettres rouges dans le calendrier [14 juin] : « Basilii ep. », et [14 octobre] « Donatiani ep. ». Il se peut que les portraits que l'on voit aux fol. 87, 105 et 131 soient ceux du personnage pour qui ce beau manuscrit a été exécuté. Le volume a fait partie de la bibl. de Firmin Didot. (Cat. 1883, n° 19).

Rel. mod. veau fauve à compartiments. (Bibl. de M. Ch. G.).

37. MISSEL DES PRINCIPALES FÊTES. xve siècle.

Parch., 91 ff. à 2 col. 345 sur 245 mill. Belle peinture sur fond azur, fol. 66 v° : crucifixion. (Pl. XL). Quelques init. fleuries sur fond or. Petites init. verm. et azur alt.

Ce missel ne renferme que quelques messes. Il est de plusieurs mains. Fol. 1. Note d'une autre main « Missale pro

domino Petro Gorce, presbytero curat. de Valeins. Gorce. 1578 ».
Il s'agit de Valeins, ancien diocèse de Lyon, auj. départ. de
l'Ain.

Rel. velours rouge avec broderies d'argent ; fermoirs.
(Bibl. de la Ville de Lyon, n° 5137).

38. YSOPET. xve siècle.

Parch., 31 ff. à 2 col. plus les 2 ff. de garde. 292 sur
202 mill.

L'illustration de ce manuscrit comprend 104 miniatures
(aquarelles) d'un tour aisé et d'une facture originale, d'un dessin assez heureux, quoique peu serré. Celles du fol. 5 v° représentent, l'une, le corbeau et le renard, l'autre l'âne et le petit
chien (Pl. XLI).

Cet intéressant manuscrit renferme les *Fables* de Marie
de France qui sont, comme on le sait, une traduction en vers
français des fables de Phèdre et d'un certain nombre de fables
indiennes.

Rel. velours rouge sur bois. (Bibl. de M. A. R.).

Warnke (Karl), *Die Fabeln der Marie de France*, Halle, 1898, in-8°.

39. MISSEL D'AUTUN. xve siècle.

Parch., 429 ff. à 2 col., 396 sur 285 mill. La décoration
de ce beau missel se compose tout d'abord de deux grandes
peintures. Fol. 183 v° : crucifixion ; page magistrale, d'une
facture large et puissante, empreinte d'une émotion vraie et
poignante, d'un réalisme saisissant (Pl. XLII). Fol. 184 : Dieu
le Père — coiffé de la tiare — entouré des évangélistes et de
leurs attributs.

Elle comprend en outre sept miniatures d'une remarquable exécution. Fol. 8 : l'élévation de l'hostie (à droite, le cardinal Rolin à genoux) ; 23 v° : la Nativité ; 27 v° : l'Epiphanie ; 207 : la Résurrection ; 229 : l'Ascension ; 236 : la Pentecôte ; 311 : saint André.

Peintures et miniatures pourraient être signées d'un maître, et il faut probablement y voir l'œuvre d'un de ces grands artistes qui travaillèrent pour le cardinal Rolin, évêque d'Autun.

Belles initiales fleuries sur fond or, accompagnées de vignettes marginales. Petites initiales or sur fond azur et lilas.

« Incipit missale secundum usum ecclesiae cathedralis Eduensis » (Fol. 8). Ce beau manuscrit est en effet un missel d'Autun, et il a été exécuté pour le cardinal Jehan Rolin (1436-1483), dont les armes et la devise sont répétées à profusion au bas des feuillets et dans les marges.

Rel. veau fauve sur ais de bois. (Bibl. de la Ville de Lyon, n° 517).

GALLE (Léon), *le Missel d'Autun de la Bibliothèque de Lyon*, Paris, 1901, in-8°. — PELLECHET (Marie), *Notes sur les livres liturgiques des diocèses d'Autun, Chalon et Mâcon*, Autun, Paris, 1883, gr. in-8°, p. 114.

40. HEURES A L'USAGE DE FRANCE. XVᵉ SIÈCLE.

Parch., 289 ff. à long. lig. 193 sur 140 mill. 16 miniatures d'exécution assez inégale. Celle du fol. 82 représente la Vierge tissant au métier (Pl. XLIII). Jolies initiales fleuronnées sur fond or. Tous les feuillets sont ornés d'un encadrement de rinceaux de fleurs et de feuillage, au milieu desquels on lit « VII » ou « UN » en lettres d'or.

Il est assez difficile de dire pour qui ces Heures ont été transcrites. Le calendrier du début (fol. 3 à 15) ressemble beaucoup à celui de Beauvais. Tout ce que l'on peut affirmer avec certitude, c'est que le manuscrit a été exécuté dans le Nord de la France.

Belle reliure *à la fanfare*. (Bibl. de M. Ch. G.).

41. HEURES A L'USAGE DE SARUM. XVᵉ SIÈCLE.

Parch., 118 ff. à long. lig. 305 sur 220 mill. Ce manuscrit, dans lequel on constate un certain nombre de lacunes, renferme 6 peintures et 14 miniatures sur fond vermillon filigrané d'or, d'un dessin facile et original. Belles initiales fleuronnées sur fond or avec encadrements et vignettes d'une grande richesse et d'une remarquable fraîcheur de coloris.

Le manuscrit a été exécuté en Angleterre, et très probablement pour l'usage de Sarum (Salisbury) ; le calendrier qui figure en tête autorise cette conclusion, ainsi d'ailleurs que la décoration elle-même.

Rel. velours rouge sur bois. (Bibl. de M. A. R.).

42. HEURES A L'USAGE DE POITIERS. XVᵉ SIÈCLE.

Vélin, 165 ff. à long. lig. 150 sur 105 mill. La décoration de ce beau manuscrit se compose de 38 peintures dont 7 figures allégoriques représentant les sept péchés capitaux. Elles sont attribuées à Simon Marmion : on y retrouverait les types, les paysages, et surtout une forme caractéristique des nuages particulière à cet artiste. Toutes ces peintures ne paraissent pas d'ailleurs être de la même main.

Celle du fol. 88, représente la colère : un jeune homme assis sur un léopard, dévore un cœur pendant que, de la main droite, il s'enfonce un poignard dans la poitrine ; derrière lui, le démon de la colère : Léviathan. Au-dessous, scènes de violences (Pl. XLIV). Riches encadrements de fleurs et de feuillage sur fond or mat. Nombreuses vignettes marginales.

Se basant sur ce que le nom de saint Cybar figure dans le calendrier, en lettres rouges, à la date du 2 juillet, on a conclu que le manuscrit avait été exécuté pour être à l'usage d'Angoulême. On a même avancé qu'il avait appartenu à Marguerite de Rohan, femme de Jean d'Orléans, comte d'Angoulême. La note du fol. 160 v° qui fait suite à l'oraison de sainte Marguerite :

« Sy tamour ty garde
Bon heur
Remor : ne tennuye ».

serait de la main de la princesse. Le portrait de Jean d'Orléans figurerait aux fol. 13, 51 et 57, et les peintures allégoriques des péchés capitaux seraient en rapport avec le « Poème contre tout péché ».

Il faut avouer que les raisons mises en avant ne sont pas de celles qui emportent la conviction. Mais, quoiqu'il en soit de ces attributions, une chose paraît certaine : c'est que ni le calendrier ni les litanies ne sont d'Angoulême. On n'a pas pris garde en effet que saint Cybar y figure au 2 juillet et non au 1er (date de sa fête à Angoulême). On n'a pas remarqué non plus qu'il est absent des litanies, alors que saint Hilaire y figure en tête des confesseurs. Et l'on n'a pas tenu compte de ce que, en dehors de saint Cybar, aucun saint d'Angoulême — pas même saint Ausone — n'est mentionné dans le calendrier ni dans les litanies.

En fait, calendrier et litanies sont de Poitiers, et c'est pour l'usage de Poitiers que le manuscrit a été exécuté. Jusqu'à

plus ample informé il est prudent de s'en tenir à cette conclusion. Elle est d'ailleurs confirmée par le fait que, dans la peinture
du fol. 162 représentant les saints dans le ciel, saint Hilaire et
sainte Radegonde figurent au premier rang, à droite et à gauche de saint Pierre et de saint Paul. Enfin, il est impossible
de n'être pas frappé de la ressemblance de la décoration de ce
livre d'Heures avec celle du missel de Poitiers de la même
époque (Bibl. Nat., lat. 873).

Le manuscrit provient de la collection Spitzer ; il a fait
partie de la bibl. de Robert Hoe. Rel. par Derôme le Jeune ;
maroquin bleu, filets or, petits fers, dos orné. (Bibl. de M.
Ch. G.).

Hénault (Maurice), *les Marmion (Jehan, Simon, Mille et Colinet)*,
Paris, 1907, in-8°. Extrait de la *Rev. archéol.* (4me série, t. IX).

43. MISSEL ROMAIN. 1483.

Parch., 434 ff. à 2 col. Manquent 6 feuillets. 392 sur 280
mill. La décoration de ce manuscrit, un des chefs-d'œuvre de
la Renaissance italienne, comprend 3 grandes peintures.

La première (fol. 6 v° : frontispice du missel) porte la
signature du miniaturiste : « ACTAVANTE DE ACTAVANTI-
BUS DE FLORENTIA, HOC OPUS ILLUMINAVIT. [A]. D.
MCCCCLXXXIII ». Cette page magistrale a été odieusement
mutilée ; le cartouche central, qui, selon toute probabilité, por-
tait une inscription en capitales d'or, a été découpé par une
main barbare.(Pl. XLV).

La seconde peinture (fol. 203) représente le jugement
dernier ; dans l'encadrement, scènes de la Passion et de la Résurrection. La peinture qui lui faisait face, et qui était une
crucifixion, a disparu ; elle est actuellement au musée du Hâvre.

Quant à la troisième, fol. 358 v° : les saints dans le Ciel, elle n'est probablement pas d'Attavante ; du moins, on n'y retrouve pas la manière du grand artiste florentin.

La décoration comprend en outre 7 initiales historiées attribuées à Attavante : fol. 16 v°, la Nativité ; 19, l'Adoration des bergers ; 20, la Vierge et l'Enfant Jésus ; 24, le massacre des Innocents ; 25 v°, le martyre de saint Thomas de Cantorbéry ; 28, la Circoncision (Pl. XLVI) ; 29 v°, l'Epiphanie.

Ces miniatures sont accompagnées de somptueux encadrements : rinceaux de feuillage où se jouent des amours ; médaillons contenant des figurines ; fleurs, fruits, oiseaux, insectes, etc. Le tout semé de petites rosaces d'or dans le goût italien.

Les 154 autres initiales historiées sont sorties de l'atelier d'Attavante, mais ne sont pas de la main du grand miniaturiste. Nombreuses initiales sur fond or avec vignettes marginales.

« Missale singularissimum, ad usum romanum, armatum et insignitum armis dicti defuncti (i. e. Thomae James) et elegantissime historiatum, precii seu estimacionis mille ducentorum ducatorum, scriptum manu... ».

C'est en ces termes qu'une délibération du Chapitre de Dol (24 juin 1504) décrivait le splendide missel que son évêque, Thomas James, venait de lui léguer par testament. C'est en effet pour ce prélat — dont les armes sont répétées à profusion au bas des feuillets — qu'il a été exécuté à Florence, en 1483.

C'est un missel romain. Ni dans le Temporal, ni dans le Sanctoral, on ne rencontre aucune des particularités de la liturgie bretonne. Seul, saint Yves figure dans le calendrier à la date du 27 octobre.

Après avoir appartenu longtemps au Chapitre de Dol, le manuscrit fut vendu par un archiprêtre de la cathédrale vers

1847. Il fut acquis quelques années après par le cardinal de Bonald, qui le légua, en 1869, au Chapitre de la Primatiale.

Rel. veau noir, dos orné, traces de fermoirs. (Bibl. de la Ville de Lyon, n° 5123).

Bégule et Guigue, *loc. cit.*, p. 209-210. — E. Bertaux, *le missel de Thomas James*, dans la *Revue de l'art ancien et moderne*, t. XX, 1906, p, 129 à 147. — A. de la Borderie, *Notes sur les livres et les bibliothèques au moyen âge en Bretagne*, dans *Bibl. Ec. Charles*, 1862, p. 43. — L. Delisle, *le missel de Thomas James, évêque de Dol*, dans *Bibl. Ec. Charles*, 1882, p. 311 à 315. — Soultrait, *loc. cit.*, p. 327 à 329.

44. GRADUEL ROMAIN. 1475.

Parch., 328 ff. à long. lig., 405 sur 285 mill. Deux grandes initiales historiées, fol. 4 : David (coiffé de la tiare) jouant de la harpe, et fol. 36 v° : la Nativité. Riches encadrements : rinceaux et volutes de feuillage semés de petites rosaces d'or. Nombreuses initiales avec vignettes marginales. Ecriture italienne.

« Graduale diurnum secundum usum Romane Curie ». Ce graduel, exécuté en Italie, a été transcrit en 1475 ainsi que l'indique la note du fol. 327 v°.

Rel. maroquin rouge, filets et ornements à froid ; coins et fermoirs en cuivre. (Bibl. de M. A. R.).

45. MISSEL FRANCISCAIN. xv° siècle (fin).

Parch., 372 ff. à 2 col. 396 sur 277 mill. La décoration de ce manuscrit comprend trois grandes peintures. Fol. 7 : le sermon sur la montagne ; 186 v° : la crucifixion (Pl. XLVII) et 187 : la Résurrection. Ces peintures sont attribuées à Jean

Colombe de Bourges. Elle comprend en outre de nombreuses miniatures et initiales historiées d'un dessin facile, mais banal et d'exécution médiocre. Les plus intéressantes sont les scènes et attributs des mois. Fol. 1 v°, février : la neige (Pl. XLVIII). Nombreuses figurines servant d'initiales.

Ce manuscrit est un missel franciscain, comme l'indiquent le calendrier et le Sanctoral. On y trouve, au 16 janvier, la fête des saints Bérard, Pierre, Accurse... etc. (fol. 258), ce qui reporte son exécution après 1481.

Rel. veau brun marbré, dos orné. (Bibl. de la Ville de Lyon, n° 514).

Sur Jean Colombe de Bourges, voir Cte Paul Durrieu, *les très riches Heures de Jean de France, duc de Berry,* Paris, 1904, fol., p. 103-114.

46. VITA CHRISTI. 1506.

Parch., 334 ff. à 2 col., 355 sur 245 mill. La décoration de ce beau manuscrit se compose de quatre grandes peintures. Fol. 3 v° : le duc René II de Lorraine, la duchesse et leurs cinq fils en prière ; au bas du feuillet, écussons armoriés du duc et de la duchesse (Pl. XLIX) ; fol. 4, le ciel ; 5 v°, Ludolphe le Chartreux en train d'écrire : 162, la guérison du serviteur du centurion.

En dehors de ces pages magistrales, le manuscrit renferme 52 peintures, dont les sujets sont empruntés à l'histoire évangélique. Toutes n'ont pas la même valeur, mais beaucoup sont d'excellente exécution. Jolies initiales fleuries ; quelques vignettes marginales.

Ce manuscrit forme le tome premier de la *Vita Christi* de Ludolphe de Chartreux, traduite en français par le franciscain Guillaume Lemenand. Ainsi que nous l'apprend la dédi-

caçe (fol. 2 v°), il a été exécuté en 1506 sur la demande de
Philipote de Gueldre, épouse de René II de Lorraine.

Rel. velours vert et soie rouge sur bois. (Bibl. de la Ville
de Lyon, n° 5125).

BÉGULE et GUIGUE, *loc. cit.*, p. 210-211. — SOULTRAIT, *loc. cit.*,
p. 329 à 332.

47. HEURES A L'USAGE DE FRANCE. XVIe SIÈCLE.

Vélin, 135 ff. à long. lig., 157 sur 90 mill. La décoration
de ce manuscrit comprend 15 peintures, avec encadrements
or et couleurs d'un beau caractère architectural, presque
toutes d'une remarquable exécution.

Le manuscrit, en parfait état de conservation, renferme
en outre 28 miniatures, parmi lesquelles il convient de citer
les scènes et attributs des mois (fol. 2 à 14). On trouvera
reproduites plus loin (Pl. L) les mois de janvier (enfants jouant
au hockey) et de février (la fessée).

Ce beau livre d'Heures a été exécuté en France. On a
même prononcé les noms de Jean Clouet, et surtout de Geoffroy
Tory. Tout ce que l'on peut dire, c'est qu'il émane d'un peintre
français pénétré de l'art italien. Quelques encadrements rap-
pellent ceux des Heures d'Anne de Bretagne.

Rel. anc. maroquin rouge ; filets or ; dos orné. (Bibl. de
M. A. R.).

48. APOCALYPSE HISTORIÉE. XVIe SIÈCLE (début).

Parch., 26 ff. à long. lig., 295 sur 240 mill. 48 peintures
de valeur inégale, mais traitées avec beaucoup de verve et

d'imagination. Chacune d'elles est précédée d'un passage de l'Apocalypse en vers latins *(textus)*, et suivie d'une application historique *(sensus)*.

La peinture du fol. 7 v° est la traduction des trois premiers versets du chapitre VII. Un ange, portant le signe de l'Agneau, ordonne à quatre autres anges de ne pas déchaîner les vents sur la terre ; celle-ci est figurée par un groupe de douze personnages. A gauche, saint Jean est assis, un livre à la main (Pl. LI).

Rel. veau brun estampé sur ais de bois. Le manuscrit a appartenu successivement au sieur Meurchisy, à Maximilien Charles de Coupigny, comte d'Henue, puis, en 1720, à l'abbé de Valençon. (Bibl. de la Ville de Lyon, n° 439).

49. HEURES A L'USAGE DE FRANCE. XVIᵉ SIÈCLE.

Vélin, 95 ff. à long. lig., 132 sur 90 mill. Ce petit manuscrit comprend 18 peintures de valeur inégale, mais dont quelques-unes sont exécutées avec une grande finesse, notamment celle du fol. 7 v° qui représente saint Jérôme (Pl. LII). Il renferme en outre 21 miniatures représentant des anges et des saints.

Ce livre d'Heures a été exécuté en France, ainsi qu'en témoignent le calendrier et les litanies des saints. Une note du fol. 18 v° nous apprend qu'il a appartenu à un Français : « Vostre bon père. Orléans ». Une autre note, écrite au bas du fol. 36, nous le montre entre les mains d'un Anglais, lequel en fit don à Marie d'Angleterre, sœur d'Henri VIII, « Your louffyng frend and evere volebe dowryng my lyffe Marie the french quene ».

Enfin une dernière note, qu'on lit au fol. 95, nous apprend que Marie d'Angleterre le donna à son tour à Henri VIII. « Henrico, eius nominis octavo, Anglie et Francie regi illustrissimo, Maria, Francorum regina, eius soror serenissima, hunc librum dono dedit. 1530 ».

Rel. mod. par Simier : maroquin citron avec mosaïques et dorures. (Bibl. de la Ville de Lyon, n° 1558).

50. **ANTIPHONAIRE DOMINICAIN ITALIEN.** XVIe SIÈCLE.

Parch., 184 ff. à long. lig., 508 sur 360 mill. La décoration de ce curieux manuscrit comprend 10 grandes initiales historiées d'une réelle originalité dans la composition et d'une richesse intense de coloris. La plupart sont accompagnées d'encadrements de rinceaux et de volutes semés de petites rosaces d'or dans le goût italien. La miniature du fol. 118 v° représente l'Invention de la Sainte Croix (Pl. LIII). Nombr. init. filigr.

Ce manuscrit est un antiphonaire des principales fêtes. Au fol. 134 v°, on lit : « In translatione beati Dominici conf. patris nostri ». C'est donc un antiphonaire dominicain. Il y a lieu de remarquer également la place que tiennent les fêtes de sainte Catherine : fol. 106 v° : « In festo sancte Katherine de Senis » ; fol. 144 v° : « De beata Katherina ».

Belle reliure vénitienne en peau de truie gaufrée du XVIe siècle ; coins, cabochons et fermoirs en cuivre. (Bibl. de la Ville de Lyon, n° 5130).

BÉGULE et GUIGUE, *loc. cit.*, p. 209. — SOULTRAIT, *loc. cit.*, p. 326.

51. LA PASSION. XVIᵉ SIÈCLE (première moitié).

Vélin. 45 ff. à long. lig., 175 sur 102 mill. La décoration de ce beau manuscrit se compose de 28 miniatures en camaïeu gris rehaussé d'or représentant les différentes scènes de la Passion. Au fol. 1, portrait de Jacques Le Lieur, échevin de Rouen, dont le nom figure en acrostiche dans la pièce de vers qui ouvre le volume.

Le manuscrit renferme la Passion, suivie de prières et de pièces diverses en vers français, par Jacques Le Lieur, l'auteur du *Livre des Fontaines*. En 1767, il faisait partie de la bibl. de Charles-Adrien Picard ; depuis, il a appartenu à M. Guy.

Rel. XVIIIᵉ siècle ; maroquin bleu, filets or et dentelle ; dos orné. (Bibl. de M. A. R.).

Picot (Emile). *Le Lieur (Jacques). La Passion de N.-S. Jésus-Christ*, Rouen, 1915, in-8°, p, XXII-XXIII.

52. HEURES A L'USAGE DE LYON. XVIᵉ SIÈCLE.

Parch., 103 ff. à long. lig., 181 sur 115 mill., 13 peintures avec encadrements Renaissance d'un beau caractère architectural. Toutes ne paraissent pas être de la même main. Celle du fol. 46 représente Pilate se lavant les mains. (Pl. LIII).

Le manuscrit a été exécuté pour Lyon, et, selon toute probabilité, pour un paroissien de Saint-Just. On lit dans le calendrier (fol. 3 v°) à la date du 10 avril : « Dedicatio ecclesie ». Il s'agit de la dédicace de l'église Saint-Just par le pape Innocent IV.

Rel. veau fauve. (Bibl. de la Ville de Lyon, n° 583).

53. ANTHOLOGIE LATINE. XVIe SIÈCLE.

Parch., 194 ff. à long. lig., 200 sur 130 mill. La décoration de ce manuscrit est très particulière. Elle comprend un certain nombre d'initiales sur fond or, noir, carmin, rose, vert et azur, accompagnées d'entrelacs et de rinceaux qui occupent parfois toute la page (notamment fol. 79 et 169), et au milieu desquels se jouent des amours, des oiseaux et des animaux de toute sorte. Quelques-unes sont restées inachevées.

Le manuscrit contient des extraits de différents auteurs latins : Pline, Horace, Plaute, Cicéron, Sénèque, etc. Un calendrier franciscain (fol 5 à 19) désigne l'Italie comme pays d'origine, et la décoration autorise cette conclusion.

Rel. veau fauve à compartiments, filets or et entrelacs ; traces de fermoirs. (Bibl. de M. A. R.).

54. MISSEL DE SAINT-POL-DE-LÉON. XVIe SIÈCLE.

Parch., 170 ff. à long. lig. 500 sur 347 mill., 4 grandes peintures. Celle du fol. 1 v° représente Roland de Neufville en prière (Pl. LV). 38 grandes et moyennes initiales historiées, accompagnées de riches bordures à compartiments avec les armes et la devise du prélat. Nombreuses initiales fleuries.

Ce manuscrit ne renferme que les messes des principales fêtes. Il a été exécuté pour Roland de Neuville, évêque de Léon (1563-1613), dont on voit les armes au fol. 1.

Rel. maroquin rouge aux armes de Lyon. Celles-ci ont été rapportées. Les armes primitives étaient, selon toute probabilité, celles de Roland de Neufville. (Bibl. de la Ville de Lyon, n° 521).

55. PRIÈRES DÉVOTES. 1649.

Parch., 87 ff. à long. lig., 123 sur 80 mill. Ce manuscrit renferme 4 peintures et 6 miniatures attribuées à Jean Petitot. Elles sont remarquables par la richesse du coloris, le fini du détail, et quelques-unes par la beauté de l'exécution. Celle du fol. 42 v° représente l'Ecce Homo et celle du fol. 80 v°, la prédication de saint Jean-Baptiste (Pl. LVI).

Une note du fol. 79 : « N. Jarry Paris. scribebat, 1649 » fait connaître l'auteur et la date de la transcription de ce joli volume : Nicolas Jarry, le grand calligraphe du xvii° siècle, « écrivain et notteur de la musique du Roi ».

Le manuscrit porte, au fol. 87, un monogramme : « Berry » en lettres d'or, qui est probablement celui du fils de Charles X. Il a fait partie de la bibliothèque de Robert Hoe.

Rel. anc. (1696) maroquin olive ; filets ornés de compartiments, entrelacs et arabesques dans la manière de Le Gascon ; dos orné ; fermoirs en cuivre. (Bibl. de M. A. R.).

56. LIVRE DES EPITRES. 1705.

Parch., 74 pages à long. lig. 345 sur 245 mill. Ce manuscrit ne renferme ni peintures ni miniatures, mais des en tête et des culs-de-lampe formés par des bouquets de fleurs finement traités. Quelques initiales fleuries.

« Liber epistolarum festorum annualium ac solennium. Ad usum ecclesiae collegiatae sancti Honorati. Anno Domini, 1705 ». Selon toute probabilité, le manuscrit a été exécuté pour le couvent des Feuillants de la rue Saint-Honoré, à Paris.

Rel. velours rouge sur bois. La décoration en métal qui ornait les plats de la reliure a disparu. (Bibl. de M. A. R.).

TABLEAU DES MANUSCRITS
ET DES PLANCHES

Pentateuque, VIᵉ SIÈCLE.

Bibl. Ville de Lyon, 403, fo 5o

Origène, Commentaire, VIIe SIÈCLE.
Bibl. Ville de Lyon, 443, fo 82

Origène, Commentaire, VIIIᵉ siècle.

Bibl. Ville de Lyon, 443, fo 227

Evangéliaire, IXᵉ SIÈCLE.
Bibl. Ville de Lyon, 431, fo 184

Evangéliaire, X⁰ SIÈCLE.

Bibl. de M. L. de L., Château de V. (Rhône)

Sacramentaire de Lyon, XIe ET XIIe SIÈCLES.

Bibl. Ville de Lyon, 537, fo 109

Prudence. Psychomachie, XIᵉ SIÈCLE.
Bibl. de l'Académie de Lyon, 22, fo 1

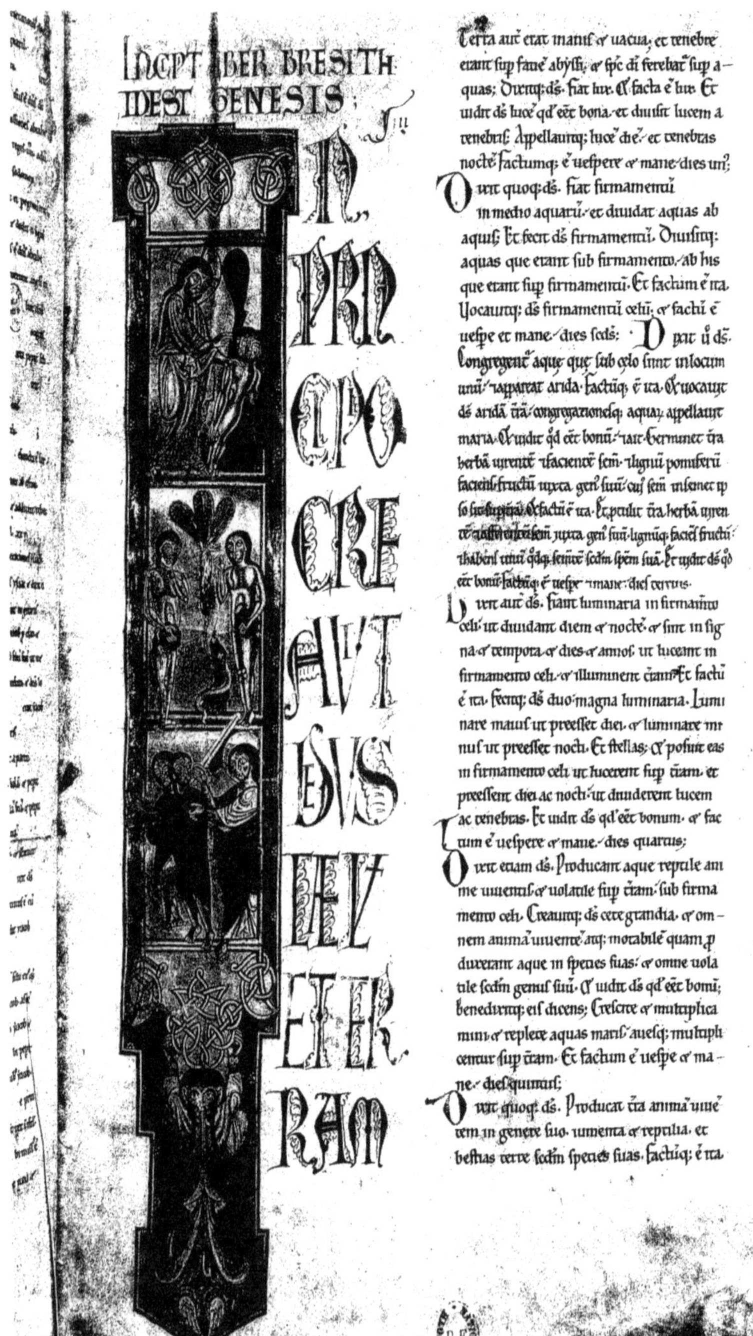

Bible latine, t. I, XIIᵉ siècle.
Bibl. Ville de Lyon, 410, fo 2

...monia que ego facio stare coram
...dicit dns. sic stabit semen urm. et
nomen urm. Et erit mensis ex mense.
et sabbatum ex sabbato. Veniet omis
caro ut adoret coram facie mea dicit
dns. Et egredientur et videbunt cada
uera uiror qui preuaricati sunt in me.
Vermis eor n morietur et ignis eor
n extinguetur et erunt usq: ad satie
tate uisionis omni carni.

INCIPIT PROLOGVS IN IHERE MIAM PROPHETAM :

Ieremias p
pha cui hic
plogus scri
bitur sermo
ne quide a
pud hebreos
ysaia et osee.
et quibusda
aliis pphis
uidetur ee
rusticior sed
sensibus par

e quippe qui eode spu pphauert. Po
ro simplicitas eloquii de loco ei in quo
natus e accidit fuit enim anathothi
tes. qui e usq in hodie uiculus. trib
ab iherusolimis distans milib. Sacer
dos ex sacerdotibus et in matris ute
ro sctificatus. uirginitate sua euan
gelium xpi ecclesie dedicans. hic
uaticinari exorsus e puer. et captiui
tate urbis atq; uidee n solu spu sed
et oculis carnis intuitus est. iam dece tri
bus ... chaldeis transtulerat.
... coloniregionum
... de inuenta ueritate et
... et ciuitatis sue ruinas
ſinas

qui ... scriptum ... alphabeto. qd
nos ... uersibusq: red
didimus. Preterea ordine uisionum
qui apud grecos et latinos omnino
confususe. ad pristina fide correxi
mus. Librum aut baruch notarij ei'
qui apud hebreos nec legitur nec ha
betur. pretermisimus. Pro bisonni
bus maledicta ab emulis prestolan
tes. quibus me necesse e p singula
opuscula respondere. Et hoc pacior.
quia uos cogitis o paula et eustochi
um. Ceterum ad compendiu mali.
rectius fuerat modum furori eor
silentio meo ponere. quam cotidie
noui aliquid scriptitante. inuidor
infamia puocare.

EXPLICIT PROLOGVS: INCIPIT IHEREMIAS PROPHA

erba iere
mie filij
helchie.
de sacer
dotibus
qui fue
runt in
anathot
in terra
beniamin.
Q d fac
tum est
uerbum
dni ad eum in diebus iosie filij amon
regis iuda. in tercio decimo anno reg
ni eius. Et factum e in diebus ioachi
filij iosie regis iuda. usq; ad consuma
tione undecimi anni sedechie filij
iosie regis iuda. usq; ad transmigra
tione iherusolim in mense quinto. Et

Missel de Lyon, XIII° SIÈCLE.

Bibl. Ville de Lyon, 5139, fo 99 v°

Psautier à l'usage de Jully-sous-Ravières, XIIIᵉ SIÈCLE.

Bibl. Ville de Lyon, 539, fᵒ 1 vᵒ

Psautier à l'usage de Jully-sous-Ravières, XIIIᵉ SIÈCLE.
Bibl. Ville de Lyon, 539, fo 196 vᵒ

Psautier à l'usage de Jully-sous-Ravières, XIII° SIÈCLE.
Bibl. Ville de Lyon. 539. fo 241

Missel dominicain, XIIIe SIÈCLE.

Bibl. de M. A. R., Lyon

Missel dominicain, XIIIᵉ SIÈCLE.

Bibl. de M. A. R., Lyon

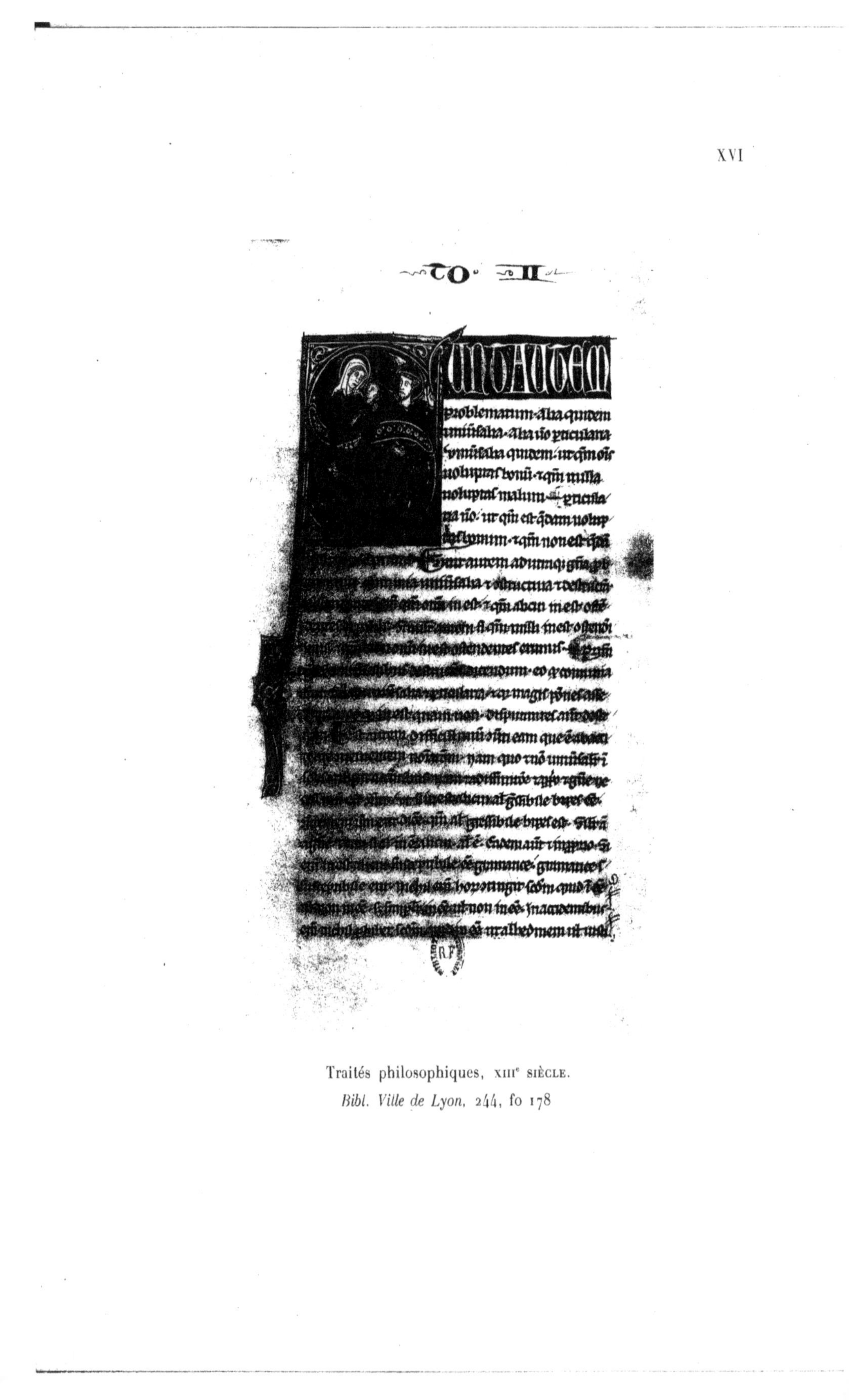

Traités philosophiques, XIIIᵉ SIÈCLE.
Bibl. Ville de Lyon, 244, fo 178

Psautier à l'usage de Liège, XIIIᵉ SIÈCLE.
Bibl. de M. Ch. G., Lyon, fo 12 vᵒ

Pontifical romain, XIVᵉ SIÈCLE.
Bibl. Ville de Lyon, 5132, fo 5 v°

Psautier à l'usage de Tours, XIVᵉ SIÈCLE.

Bibl. de M. Ch. G., Lyon, fo 7

Épitres et Évangiles en français, 1336.

Bibl. de M. A. R., Lyon, fos 80 v° et 88

Le Livre du Trésor, XIVᵉ SIÈCLE.
Bibl. Ville de Lyon, 948, fo 3

Le Roman de la Rose, XIVᵉ SIÈCLE.
Bibl. Ville de Lyon, 763, fo 77 vᵒ

Grandes Chroniques de France, XIVᵉ SIÈCLE.
Bibl. Ville de Lyon, 880, fo 52 vᵒ

Missel de Paris, XIVᵉ SIÈCLE.
Bibl. Ville de Lyon, 5122, fo 142 vᵒ

Missel de Paris, XIVᵉ SIÈCLE.

Bibl. Ville de Lyon, 5122, fo 143

Fragments de Chronique, XIVᵉ SIÈCLE.

Bibl. de M. Ch. G., Lyon, fo 1

Fragments de Chronique, XIVᵉ SIÈCLE.

Bibl. de M. Ch. G., Lyon, fo 4 v°

Métamorphoses d'Ovide, XIVe SIÈCLE.

Bibl. Ville de Lyon, 742, fos 55 v° et 119 v°

Commentaire de Gratien, XIVᵉ SIÈCLE.

Bibl. Ville de Lyon, 5128, fo 74 vᵒ

Le Bréviaire d'amour, XIVᵉ SIÈCLE.
Bibl. Ville de Lyon, 1351, fo. 22 vᵒ

Le Bréviaire d'amour, XIVᵉ SIÈCLE.

Bibl. Ville de Lyon, 1351, fo 143

Virgile, XIVᵉ SIÈCLE.

Bibl. de l'Académie de Lyon, 27, fos 1 vᵒ, 5, 13 et 18 vᵒ

Manuel d'histoire de Philippe VI de Valois, 1416.

Bibl. de M. A. R., Lyon, fo 8

Manuel d'histoire de Philippe VI de Valois, 1416.

Bibl. de M. A. R., Lyon, fo 14 v°

Missel de Vienne. XVᵉ SIÈCLE.
Bibl. Ville de Lyon, 526, fo 110 vᵒ

Missel de Vienne, XVe SIÈCLE.
Bibl. Ville de Lyon, 526, fo 111

Heures à l'usage de Soissons, XV⁰ SIÈCLE.
Bibl. Ville de Lyon, 5142, fo 28 v"

Traités de dévotion, 1451.

Bibl. Ville de Lyon, 1234, fo 3

Heures à l'usage d'Amiens, XVᵉ SIÈCLE.

Bibl. de M. Ch. G., Lyon, fo 56

Heures à l'usage de Bruges, xve SIÈCLE.
Bibl. de M. Ch. G., Lyon, fo 15

Missel des principales Fêtes, XVᵉ SIÈCLE.

Bibl. Ville de Lyon, 5137, fo 66 vᵒ

Ysopet, XVᵉ siècle.

Bibl. de M. A. R., Lyon. fo 5 v°

Missel d'Autun, XV° SIÈCLE.
Bibl. Ville de Lyon, 517, fo 183 v°

Heures à l'usage de France, XVᵉ SIÈCLE.
Bibl. de M. Ch. G., Lyon, fo 82

Heures à l'usage de Poitiers, xvᵉ siècle.
Bibl. de M. Ch. G., Lyon, fo 88

Missel romain, 1483.

Bibl. Ville de Lyon, 5123, fo 6 v°

Missel romain, 1483.

Bibl. Ville de Lyon, 5123, fo 28

Missel franciscain, xvᵉ sɪÈCLE (fin).

Bibl. Ville de Lyon, 514, fo 186 vᵒ

Missel franciscain, XVᵉ SIÈCLE.

Bibl. Ville de Lyon, 514, fo 1 v°

Vita Christi, 1506.

Bibl. Ville de Lyon, 5125, fo 3 v°

Heures à l'usage de France, XVI° SIÈCLE.

Bibl. de M. A. R., Lyon, fos 2 et 3

Apocalypse historiée, XVIe SIÈCLE.

Bibl. Ville de Lyon, 439, fo 7 vo

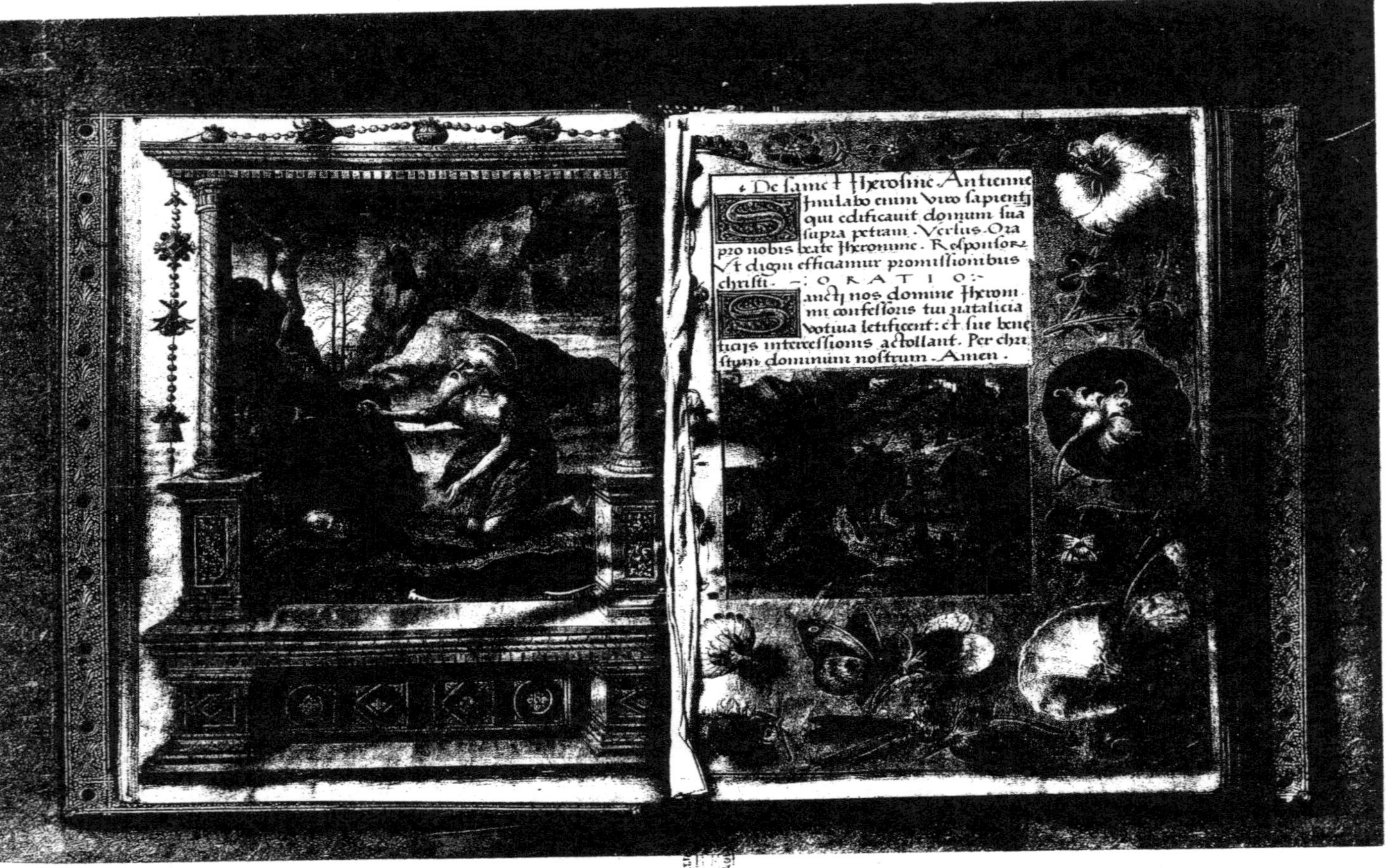

Heures à l'usage de France, XVIe SIÈCLE.

Bibl. Ville de Lyon, 1558, fos 7 v° et 8

Antiphonaire dominicain italien, XVIᵉ SIÈCLE.

Bibl. Ville de Lyon, 5130, fo 118 vᵒ

Heures à l'usage de Lyon. XVIe SIÈCLE.

Bibl. Ville de Lyon, 583, fo 46

Missel de Saint-Pol de Léon, XVIᵉ SIÈCLE.

Bibl. Ville de Lyon. 521, fo 1 v°

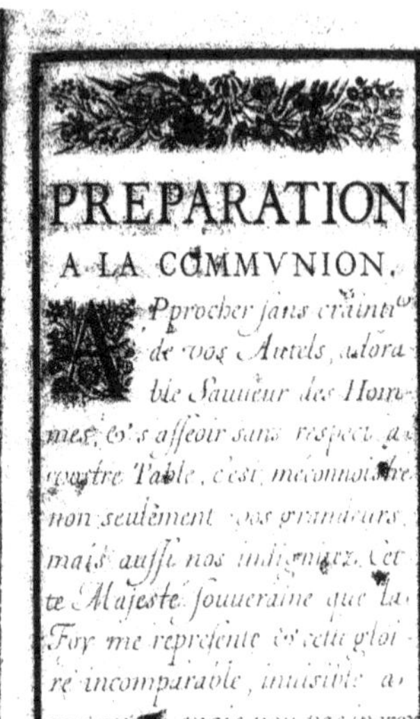

Prières dévotes, XVIIᵉ SIÈCLE.

Bibl. de M. A. R., fos 42 vº et 80 vº

Imprimerie AUDIN ET Cie

Phototypies de la Maison
GOUTAGNY, de Lyon.